Auraschutz heute

Ein Arbeitsbuch

Wir danken
Nico, Frau Fluck und Yerubaal
für ihre Unterstützung.

Frank Albrecht und Yasemin Iven

Auraschutz   heute

Ein   Arbeitsbuch

Edition – Es geht nur um Energie.

In der Edition – Es geht nur um Energie
erscheinen weitere Titel zum Thema „Die Entstehung von Schmerz
und Krankheit durch die Gedanken anderer Menschen". Sie sind
überall erhältlich, wo es Bücher gibt. Sie finden uns im Internet unter:
www.EsGehtNurUmEnergie.de

Bibliografische Informationen
Der Deutschen Nationalbibliothek
Die Deutsche Nationalbibliothek verzeichnet diese Publikation in
Der Deutschen Nationalbibliografie;
detaillierte bibliografische Daten sind im Internet über
http://dnb.d-nb.de abrufbar.

ISBN: 978-3-8334-9515-1
1. Auflage   Ref.: 70821
© 2007 by Frank Albrecht
Herstellung und Verlag: Books on Demand GmbH, Norderstedt

Wer Rechtschreibfehler in diesem Buch findet, darf sie behalten.

Inhalt

Inhalt 5

Einleitung 7

Grundsätzliche Regeln 9

Auraschutz für Faule 10

Bestandteile der Schutzschilde............................11

Nicht benötigte Teile..11

Arbeitsanleitung 11

1. Etwas, das ich aufbrechen will. 12

2. Etwas, worin andere ihr Wissen lagern............13

3. Etwas, worin andere ihre Schätze lagern. 14

4. Etwas, womit andere sich wehren. 15

5. Etwas, womit andere sich schützen...................16

6. Etwas, das andere mir antun. 17

7. Etwas, das mich gegen (6.) schützt...................18

8. Etwas, das meine eigene Seele schützt. 19

9. Etwas, das überall eindringen kann..................20

10. Etwas, das alles zu mir bringen kann. 21

11. Etwas, das unzerstörbar ist. 22

12. Etwas, das alles zerstören kann. 23

13. Etwas, das grenzenlosen Schutz bietet. 24

14. Etwas, das unverwundbar ist. 25

15. Etwas, das saugt. 26

16. Etwas, das filtert. 27

17. Etwas, das alles reinigt....................................28

18. Etwas, das Energie überträgt. 29

19. Etwas, das Material zu einem anderen Ort bringt. ...30

20. Etwas, mit dem ich alle Teile verbinden kann................31

21. Etwas, das eine Energieübertragung zerstört. 32

22. Etwas, worin ich mich sicher und geborgen fühle. 33

23. Etwas, worauf man sich fortbewegt. 34

24. Etwas, das mich antreibt. 35

25. Etwas, das in mir Kraft erzeugt.......................36

26. Etwas, das dem Antrieb Energie gibt...............37

27. Etwas, das wie meine Seele aussieht. 38

28. Etwas, das wie mein Geist aussieht..................39

29. Etwas, das meine Ziele sein könnten. 40

30. Meine Ziele. 41

31. Etwas, das meine Freunde an mir interessiert. 42

32. Die besonderen Fähigkeiten meiner Freunde. 43

33. Etwas, das verborgene Schalter sichtbar macht. 44

34. Etwas, womit man Licht einschaltet. 45

35. Etwas, das verborgene Erinnerungen bewacht. 46

36. Etwas, worin verborgene Erinnerungen sind. 47

37. Etwas, das Erinnerungen sanft erweckt. 48

38. Etwas zum Verkleinern und Vergrößern. 49

39. Etwas, worin ich das Schutzschild aufbewahren kann. 50

40. Etwas, das niemand durchschauen kann. 51

Der Name meines Auraschutzschildes. 52

Malen Sie sich selbst 53

Die Farben des Schutzschildes 54

Schutzschildfarben und ihre Wirkung 55

Das Schutzschild färben 57

Symbole auf dem Schutzschild 58

Schutzschild materialisieren 58

Probleme und Besonderheiten beim Auraschutzaufbau 59

Fazit 63

Andere Bücher der Autoren 65

Einleitung

Jeder kennt sie, die nervenden Menschen. Egal, ob es die Nachbarin, eine Arbeitskollegin, der Typ aus dem Supermarkt oder die eigenen Kinder sind. Sie nerven uns mit lauter Musik oder mit dummem Geschwätz. Sie lassen ihren Einkaufswagen im Weg stehen oder schauen uns bei der Arbeit ständig über die Schulter. Diese nervenden Mitmenschen haben vieles gemeinsam. Sie machen, dass wir uns unwohl fühlen. Sie machen, dass wir keinen Spaß bei der Arbeit oder beim Einkaufen haben. Sie wollen ständig unsere Aufmerksamkeit. Sie wollen, dass wir alles überaus korrekt machen oder aber stürzen uns von einer unangenehmen Situation in die nächste. Sie gehen weit über das hinaus, was der Anstand gebietet. Wenn wir das alles ganz genau beobachten, finden wir einen gemeinsamen Nenner: Die nervenden Menschen berauben uns unserer positiven Lebensenergie. Wenn man eine Bezeichnung für sie sucht, ist "Energievampir" genau die Richtige.

Was kann man gegen Energievampire tun?

Schon immer beschäftigen sich Menschen mit Energievampiren. Viele Schutzmittel sind uns aus vergangenen Zeiten erhalten geblieben. Allerdings haben sich die Zeiten geändert. Mit dem kleinen Pentagrammritual, Kräutern, Heilsteinen oder einem "dicken Fell", kann man sich heute nicht davor schützen, einem Energievampir zu unterliegen. Vor hundert Jahren mag es noch abschreckend gewirkt haben, wenn man das Pentagrammritual machte, sich mit brennenden Penta- und Hexagrammen umgab und immer ein paar Engel um sich hatte. In Zeiten von Fantasiefiguren wie Terminatoren, Cyborgs, Spezies 8473 und Computerviren sowie Lasertechnologie ist es notwendig, sich mit ausgefeilterer Psychotechnologie zu schützen. Es mag Ihnen lächerlich erscheinen, dass wir hier Figuren aus Hollywoodfilmen erwähnen. Nichtsdestotrotz identifizieren sich viele Menschen mit derartigen Charakteren und nehmen so deren Geistform und Psychokampftechnik an. In Rollenspielen wie DSA übt man sogar derartige Kämpfe.

In diesem Buch hier wird eine effektive Technik erarbeitet und zur

Verfügung gestellt, mit der man sich gegen Energievampire und Angst einflößende Menschen wehren kann.

Was ist eine Aura?

Eine Aura nennt man die Energieausstrahlung, die jedes Lebewesen umgibt. Dieser lichtartige Schein kann von Sensitiven gesehen werden. Intuitive Menschen können durch die Aura direkt in Ihr Gehirn sehen.

Wir verwenden in diesem Buch den Begriff Aura. Möglicherweise kennen Sie eine andere Bezeichnung für diesen Bereich: Astralkörper, Ätherkörper, Chi, Energiefeld, Fluidum, Intimsphäre, Ki, Lebensenergie, Licht, persönliches Territorium, Prana, Qi, Qui, Reiki, Spiritualkörper oder universelle Lebensenergie.

Was ist ein Auraschutzschild?

Eine visualisierte Lichtmauer, Stahlplatte, brennende Pentagramme, ein dickes Fell oder etwas Ähnliches, dass den Geist einer Person von seiner Umgebung abtrennt.

Grundsätzliche Regeln

Wenn Sie nun zur Tat schreiten und sich einen Schutz gegen die meisten psychischen Angriffe, sowie die Masse der schmerzauslösenden Fragen zulegen, sollten Sie vorher Folgendes in Ihren Geist aufnehmen:

1. **Ich behalte meinen Auraschutz für mich.**
   Begründung: Jeder der von Ihrem Auraschutz weiß, wird versuchen, ihn auszuschalten oder ihn zu umgehen. Gerade Freunde, Vertraute und Verwandte sind die größten Energievampire.

2. **Ich helfe keinem, der in meiner Nähe lebt, einen Auraschutz zu errichten.**
   Begründung: Er verwendet ihn bei einem Angriff gegen Sie.

3. **Nachdem ich die nachfolgende Tabelle ausgefüllt habe, schließe ich das Buch weg.**
   Begründung: Ein anderer Leser macht Ihnen sonst Ihre ganze Arbeit kinderleicht zunichte.

4. **Ich aktiviere meinen Auraschutz schon bei dem kleinsten Verdacht eines Angriffs.**
   Begründung: Schon hinter der nächsten Ecke kann ein Energievampir lauern. Im verschlossenen Bad unter der Dusche sind Sie vor Psychoangriffen genau so wenig geschützt.

5. **Wenn ich den Auraschutz herstelle, erneuere, verändere, repariere oder erweitere, suche ich mir einen Ort, an dem ich ungestört bin!**
   Begründung: Während Sie an Ihrem Auraschutz arbeiten, blockieren Sie fortfließende Energie. Ihre "Freunde" werden das fühlen, und sich umgehend bei Ihnen melden.

Möglicherweise geht das so schnell, dass Sie noch während Ihrer Auraarbeit gestört werden.

6. **Immer wenn es notwendig ist, repariere ich meine Schilde und passe sie den neuen Gegebenheiten an.**

Begründung: Im normalen Alltag werden Sie von Menschen mit vollkommen neuen und unbekannten Techniken angegriffen. Den Schutz gegen diese Techniken müssen Sie immer wieder in Ihre Schutzschilde integrieren.

Sie kennen das eventuell von Ihrem Computersystem Windows. Monatlich gibt Microsoft neue Patches heraus die eine Sicherheitslücke stopfen und immer wieder werden Computerhacker eine neue finden, dem Microsoft wieder ein Patch entgegensetzt.

Was, glauben Sie, wäre passiert, wenn zu früheren Zeiten die Erbauer einer Stadtbefestigung dem Feind verraten hätten, wo Geheimgänge, Brunnen, Bewaffnung sowie Schwächen im Mauerwerk sind?
Oder was meinen Sie, passiert heutzutage, wenn die Deutsche Bank Ihren Virenschutz und Firewall nur einen Tag ausschaltet?

Bestandteile der Schutzschilde

Um sich darüber klar zu werden, was Sie wirklich wollen und brauchen, füllen Sie bitte die nachfolgende Tabelle mit selbst gemalten Bildern aus. In jedes Kästchen malen Sie einen Teil Ihres Auraschutzes. Diese Auraschutzteile werden Sie später zusammenfügen. Kästchen, die Sie nicht ausfüllen können, lassen Sie leer. Haben Sie zwei oder drei Ideen für ein Feld, malen Sie alle in dieses hinein.

Arbeitsanleitung

Sie benötigen jetzt:
1. einen weichen Bleistift
2. einen Radiergummi
3. Buntstifte
4. Schokolade
   Begründung: Sie beginnen die härteste und
   wichtigste Arbeit, die Sie jemals gemacht haben.
   Dazu benötigen sie viel Nervennahrung.
5. Ruhe
6. Fantasie
7. einen bequemen Platz

Malen sie hier mit dem Bleistift:

1. Etwas, das ich aufbrechen will.

2. Etwas, worin andere ihr Wissen lagern.

3. Etwas, worin andere ihre Schätze lagern.

4. Etwas, womit andere sich wehren.

5. Etwas, womit andere sich schützen.

6. Etwas, das andere mir antun.

7. Etwas, das mich gegen (6.) schützt.

8. Etwas, das meine eigene Seele schützt.

9. Etwas, das überall eindringen kann.

10. Etwas, das alles zu mir bringen kann.

11. Etwas, das unzerstörbar ist.

12. Etwas, das alles zerstören kann.

13. Etwas, das grenzenlosen Schutz bietet.

14. Etwas, das unverwundbar ist.

15. Etwas, das saugt.

16. Etwas, das filtert.

17. Etwas, das alles reinigt.

18. Etwas, das Energie überträgt.

19. Etwas, das Material zu einem anderen Ort bringt.

20. Etwas, mit dem ich alle Teile verbinden kann.

21. Etwas, das eine Energieübertragung zerstört.

22. Etwas, worin ich mich sicher und geborgen fühle.

23. Etwas, worauf man sich fortbewegt.

24. Etwas, das mich antreibt.

25. Etwas, das in mir Kraft erzeugt.

26. Etwas, das dem Antrieb Energie gibt.

27. Etwas, das wie meine Seele aussieht.

28. Etwas, das wie mein Geist aussieht.

29. Etwas, das meine Ziele sein könnten.

30. Meine Ziele.

31. Etwas, das meine Freunde an mir interessiert.

32. Die besonderen Fähigkeiten meiner Freunde.

33. Etwas, das verborgene Schalter sichtbar macht.

34. Etwas, womit man Licht einschaltet.

35. Etwas, das verborgene Erinnerungen bewacht.

36. Etwas, worin verborgene Erinnerungen sind.

37. Etwas, das Erinnerungen sanft erweckt.

38. Etwas zum Verkleinern und Vergrößern.

39. Etwas, worin ich das Schutzschild aufbewahren kann.

40. Etwas, das niemand durchschauen kann.

Der Name meines Auraschutzschildes.

Malen Sie sich selbst (Strichmännchen genügt), mit dem Aurateil Nr. 38, wie Sie Ihren Auraschutz verkleinern und vergrößern.

Die Farben des Schutzschildes

Aura ist immer mit Farbe verbunden. Die Farbe der Aura sagt alles über den Charakter der Person aus. Dazu gibt es viel weiterführende Literatur.

Wenn Sie nun meinen, Ihr Schutzschild sollte eine besondere Farbe haben, beachten Sie bitte Folgendes:

Die Farbe, mit der Sie Ihren Auraschutz einfärben, hat weitreichenden Einfluss auf Sie und Ihre Umwelt. Was Sie selbst fühlen und wie andere Menschen dann möglicherweise auf Sie reagieren, können Sie in der nachfolgenden Liste ablesen.

Kräftige Farben auf dem Schutzschild bewirken heftige Abwehrreaktionen auf niedrigem geistigen Niveau. Sie werden als krasser Außenseiter erkannt. Sie werden als Konkurrent und Bedrohung empfunden, weil deutlich zu erkennen ist, dass Sie besondere Fähigkeiten besitzen.

Wenn Sie hingegen die Farbe der Gruppe annehmen, in der Sie sich befinden (Rote Socken, braune Nazis, Gruftis, Hare Krishnas …), fallen Sie nicht auf und werden schnell angenommen. Es gibt also keine schlechte Schutzschildfarbe, nur die falsche Farbe zur falschen Zeit.

Hier ein Bericht:

> Gert geht mit einem Freund zum Dart spielen in die Kneipe. Um sich vor pöbelnden Kneipengästen zu schützen, gibt er seinem Schutzschild eine kräftig rote Farbe. Wenig später trifft ein Arbeitskollege des Freundes (mit brauner Gesinnung) ein. Er ist sehr reserviert und beginnt schon bei seinem ersten Bier, über "Rote Socken" und Kommunisten zu lästern. Gert merkt, dass diese Spitzen ihm gelten, obwohl er keiner politischen Organisation angehört.

Schutzschildfarben und ihre Wirkung

Rot

Sie fühlen sich: konzentriert, geerdet, geschützt, kraftvoll.
Andere denken, Sie sind: hitzig, tyrannisch, gierig, hassvoll, zornig, eifersüchtig, böswillig, träge, reizbar, selbstgefällig, trotzig oder Sie handeln ausschließlich emotional.
Aber auch: sinnlich, vital, spendabel, kräftig, leidenschaftlich oder egozentrisch.

Orange

Sie fühlen sich: sexuell gestärkt, erholt, geheilt, glücklich, verspielt oder leicht.
Andere denken, Sie sind: gefährlich, unselbstständig, herrisch, träge oder faul.
Aber auch: strebsam oder intelligent.

Golden

Sie fühlen sich: fröhlich, lernbereit, willensstark oder mutig.
Andere denken, Sie sind: verschwenderisch.
Aber auch: gesund, fröhlich, freundlich, lernwillig oder hilfsbereit.

Gelb

Sie fühlen sich: lebensfroh, leicht, klar denkend oder rational.
Andere denken, Sie sind: vergeistigt, selbstsüchtig, eifersüchtig, misstrauisch oder neidisch.
Aber auch: idealistisch, spirituell, verständnisvoll oder Sie sind finanziell abgesichert.

Grün

Sie fühlen sich: herzlich, gefühlvoll, entscheidungsfreudig oder energetisierend.
Andere denken, Sie sind: neidisch, eifersüchtig, habsüchtig oder halten Sie für einen Verräter.
Aber auch: anpassungsfähig, diplomatisch, weltlich, aufrichtig, barmherzig, friedliebend, sympathisch oder sehen in Ihnen eine hoch entwickelte Seele.

Blau

Sie fühlen sich: geschützt, intuitiv oder entspannt.
Andere denken, Sie sind: Abergläubisch oder geschwätzig.
Aber auch: treu, vertrauenswürdig, religiös, weise, idealistisch oder spirituell entfaltet.

Violett

Sie fühlen sich: stark oder bereit für kommende Probleme.
Andere denken, Sie sind: weibisch oder ernst.
Aber auch: stark, gereinigt, frei, idealistisch, würdevoll oder feierlich.

Braun

Sie fühlen sich: emsig, organisatorisch begabt oder als guter Manager.
Andere denken, Sie sind: geizig, rechtsradikal oder dumm.
Aber auch: geerdet oder geschützt.

Schwarz

Sie fühlen sich: geschützt, unnahbar, nicht manipulierbar oder frei in Handlung und Gedanken.

Andere denken, Sie sind: rechtsradikal, bösartig, lasterhaft, kriminell, rachsüchtig, verschlossen, pessimistisch, oder missgünstig.

Aber auch: Unsichtbar oder unangreifbar

Klar durchscheinend

Sie fühlen sich: ungeschützt, wehrlos oder allwissend.

Andere denken, Sie sind: dumm oder freigiebig.

Aber auch: weise, klar, rein, ehrlich oder Sie haben nichts zu verbergen.

Verspiegelt

Sie glauben: Alle Menschen sind so wie sie selbst.

Keiner ist besser als Sie oder alle sind gleich schlecht.

Andere denken: Der ist genauso wie ich.

Das Schutzschild färben

Malen Sie jetzt die Zeichnungen in der Auraschutz-Tabelle bunt aus. Stellen Sie sich dieses Schutzschild mit der gewählten Farbe vor. Sie wollen Muster verwenden? Dann lesen sie erst einmal weiter.

Symbole auf dem Schutzschild

Symbole auf dem Schutzschild lassen, auf die Gruppenzugehörigkeit der Person schließen.

So ging Gerts Dartabend weiter:

Da Gert einen netten Abend verbringen wollte, beschloß er, sich anzupassen und selbst rechtsradikal zu wirken. Er lässt auf seinem roten Schutzschild einen weißen Kreis und anschließend ein schwarzes Hackenkreuz entstehen. Innerhalb weniger Minuten schlägt die Stimmung an der Dartscheibe um. Der eben noch so reservierte, lästernde Arbeitskollege öffnet sich. Er beginnt, Spaß und gute Laune zu verbreiten. Dennoch merkt Gert anhand der musternden Blicke, dass da noch leichtes Misstrauen ist.
Trotzdem wird es ein bemerkenswerter Abend mit einem guten Dartwettkampf und viel Bier.

Schutzschild materialisieren

Sie haben jetzt ein Bild Ihres Auraschutzes gemalt und ihm eventuell auch eine Farbe gegeben.
Lassen Sie dieses Schutzschild, mit Ihrer Fantasie/ Vorstellungskraft, sechs Mal aus ihrem Körper heraus entstehen und in ihn hinein verschwinden. Vergrößern Sie diesen Schutz im Geiste so weit, dass er Sie ganz umhüllt. Spinnen Sie einwenig herum, wie ein Kind.
Aktualisieren Sie das Schild immer wieder und versuchen Sie, es zehn Sekunden aufrecht zu erhalten.

Probleme und Besonderheiten beim Auraschutzaufbau

Ich bin glücklich, brauche kein Schutzschild

Wohlige Entspannung und Glücksgefühle in Ihrem Bauch, dürfen Sie nicht davon abhalten, bei Angriffsverdacht Ihr Schutzschild zu aktivieren.

Sollte das Glücksgefühl verschwinden, haben Sie vergessen, in einer brenzligen Situation Ihr Schutzschild einzuschalten. Wenn ein neidischer Mensch diese Glücksgefühle wahrnehmen kann, weil Sie kein Schutzschild haben, wird er keine Sekunde zögern, Sie Ihnen wegzunehmen.

Die Aura schützen ist unendlich schwer

1. Oft ist es ungemein schwer den Auraschutz zu errichten, aufrechtzuerhalten oder überhaupt nur daran zu denken. Genau das ist dann eine Zeit, in dem andere Menschen an Ihnen saugen. Das Gegenteil werden Sie feststellen, wenn Sie allein und in Ruhe gelassen werden. In Einsamkeit einen Auraschutz zu errichten und zu erhalten ist kinderleicht.

   Also: Gerade, wenn es Ihnen schlecht geht oder wenn es Ihnen schwer fällt, sollten Sie einen Auraschutz errichten. Jetzt benötigen Sie ihn dringend. Nutzen Sie brachiale geistige Gewalt, um den Auraschutz zu errichten! Die Alternative ist Depression und körperlicher Schmerz.

2. Das Beibehalten des Auraschutzes über einige Minuten ist nur anfänglich schwer. Nach etwa zwanzig erfolgreich abgewehrten Angriffen haben Sie genügend Energie.

Andere Menschen merken Veränderungen an mir

1. Selbstverständlich werden Arbeitskollegen, Eltern und Freunde
   schnell bemerken, dass sich da bei Ihnen etwas verändert hat.
   Sie werden bemerken, dass Sie schwer beeinflussbar sind.
   Sagen werden sie: "Irgendwie bist Du heute anders." Oder sie
   werden sagen: "Was ist los, Du bist ja heute so ruhig?"
   Abfällige Bemerkungen über Ihr Wissen oder über Ihre
   Literaturauswahl haben nur einen Zweck: Sie wieder
   manipulierbar zu machen. Das braucht Sie nicht zu alarmieren.

2. Sie werden bemerken, dass Menschen sich unbewusst über
   Ihr Schutzschild unterhalten. In Ihrem Beisein haben diese
   Menschen plötzlich großes Interesse, sich über Dinge zu
   unterhalten die Sie an Ihre Schutzschilde erinnern.
   Dazu ein Bericht:

> Klaus sitzt mit seiner Schwester und seinem Vater am
> Kaffeetisch. Um zu verhindern, dass die nervende Schwester ihn
> wieder aussaugt, stellt sich Klaus ein goldenes Gitternetz um sich
> vor. Dieses Gitternetz bestückt er mit Klappen, die die Energie
> herein und nicht wieder heraus lassen. Sekunden später beginnt
> seine Schwester, über die karierten Flanellhemden des Vaters zu
> reden. Sie spricht darüber, wie schlecht die Karos aussehen, wie
> unnütz sie sind, dass sie abstoßend wirken und darüber, die
> Hemden wegzuwerfen.
> Klaus spürt, dass seine Schwester nicht über die Hemden des
> Vaters, sondern über das Gitternetz des Auraschutzes spricht.

Diese Art von Gesprächen braucht Sie nicht zu beunruhigen.
Das sind keine absichtlichen Angriffe auf Ihr Schutzschild. Diese
Gespräche liefern Ihnen wertvolle Hinweise darauf, welche Teile
Ihrer Schutzschilder andere Menschen erkennen können
und wo sie ansetzen würden, um Ihr Schutzschild zu brechen.

3. Wenn Kinder Details Ihres Auraschutzes kennen und ansprechen, braucht Sie das nicht zu ängstigen. Manche Kinder sprechen intuitiv wahrgenommene Bilder an. Unterhalten Sie sich mit den Kindern. Sie werden Ihnen Interessantes über Ihr Schutzschild erzählen.

Klaus baut sich ein sehr aggressives Schutzschild und testet es in der Sauna. Ein kleiner Junge starrt ihn 10 Sekunden an und sagt dann zu seiner Mutter: " Mama, kuck mal, ein Pirat". Klaus wusste sofort was der Junge meinte.

Auraschutz ist zerstört

Wenn Sie Zeiten durchleben, die voller Aktion und Neuem sind, werden Sie auf neidische Menschen stoßen, die Ihnen den Spaß nicht gönnen. Durch merkwürdige Worte, abstrakte Wortkombinationen oder Gesten können sie Ihr Schutzschild zerstören. Das ist nur möglich, weil Sie unaufmerksam waren. Aus solchen Situationen, sollten Sie sich schnell in eine ruhige Ecke zurückziehen. Dort errichten Sie Ihr Schutzschild neu und begeben sich sofort wieder in die Situation hinein. Wenn Sie es nun schaffen, die Oberhand zu behalten, wird Ihr Machtgefühl stärker.

Auraschutz erneuern und verändern

Wenn Sie mit Menschen zu tun haben, die sich mit geistigen Angriffen auskennen, dann werden Ihre Schutzschilde tagtäglich zerstört. Mitunter verwenden Profis, in Gedanken, perfide Methoden wie Brechstangen, Laser oder Bombenteppiche, um an Ihre Energie zu kommen. Bemerken können Sie das anhand Ihrer nächtlichen Träume. Dort verarbeiten Sie die Geschehnisse des Tages. Passen Sie Ihre Schilde umgehend diesen Angriffen an. Sie sollten aber beachten, dass ein Chef dann zum Beispiel zur Kündigung greift, um doch noch von Ihnen Energie zu bekommen. Der fiese Vorarbeiter oder die treue Sekretärin des Chefs können schwer wiegenden Einfluss auf Ihre Karriere nehmen.

Auraschutzreparatur bei Abnutzung

Es gibt dumme Menschen, die Sie immer wieder mit den selben Methoden angreifen. Verstärken Sie Ihre Schilde an den Stellen, wo Sie angegriffen werden. Wenn es möglich ist, greifen Sie den Dummen mit der selben Methode an. Benutzen Sie ein zweites Schutzschild, in dass Sie Ihren Gesprächspartner, Chef oder Freund einhüllen. Statten Sie dieses Schutzschild außen und innen mit Auraschutzteil Nr. 21 aus. Begründung: Dieses zweite Schutzschild erzeugt in Ihrem Gegenüber die Illusion, dass Sie unbezwingbar sind. Er kann nicht aus sich heraus (2. Schild) und nicht an Sie heran (1. Schild).

Der Arbeitsaufwand ist mir viel zu hoch

In diesem Augenblick, in dem Sie das hier lesen, haben Sie schon satte 98 Prozent der Arbeit getan. Ab heute wird Sie ein Energiemangel dazu bewegen, Ihr Schild anzupassen.

Hilfe, ich mache anderen Menschen Schmerzen

Wir beglückwünschen Sie zu dieser Erkenntnis. Sie haben damit sehr viel Stärke bewiesen. Um nun zu verhindern, dass Sie weiterhin Schmerz-Gedankenverbindungen zu anderen Menschen aufbauen, gibt es zwei sehr effektive Tricks:

1. **Statten Sie Ihre eigenen Auraschutzschilde an der Innenseite mit dem Auraschutzteil Nr. 21 aus.**
   Begründung: So verhindern Sie, dass Sie durch Ihr Schutzschild hindurch, Schmerzen bereiten. Sie schützen sich, mit dem Schutzschild vor anderen und andere vor sich.

2. Benutzen Sie ein zweites Schutzschild, in dass Sie Ihren Gesprächspartner, Chef oder Freund einhüllen.

Statten Sie dieses Schutzschild außen und innen mit Auraschutzteil Nr. 21 aus.

Mein Feind hat auch dieses Buch gelesen.

Reichen Sie ihm die Hand und melden Sie sich gemeinsam zu den Deutschen Biokinese Meisterschaften an. Sie beide haben gute Chancen. Ein weiteres gegeneinander Kämpfen wäre sehr schädlich.

Ich habe unendlich viele Fragen

Wenn Sie aufgrund dieses Buches nun Fragen haben, wenden Sie sich bitte an einen Baum.

Begründung: Bäume sind die mächtigsten Bewohner unserer Erde. Sie können Ihnen alle Fragen beantworten, ohne Schmerzen zu erleiden. Eine nette Umarmung, liebe Worte und echte Absicht machen jeden Baum gesprächsbereit.

Wir empfehlen hierzu das Buch: "Enertree. Heilung durch die Energie der Bäume" von Peter Salocher und Dieter Buchser aus dem Verlag Droemer Knaur (Broschiert - Juni 2002).

Sollten Sie, wider erwarten, von einem Baum keine Auskunft erhalten, suchen Sie im Internet unter: www.EsGehtNurUmEnergie.de

Fazit

Es geht nur um Energie!

Andere Bücher der Autoren

Frank Albrecht und Yasemin Iven

Schmerz – Gedanken

Lexikon

Schmerzen jeglicher Art sind unange-
nehm. Zumeist aber können Ärzte die
Ursache lokalisieren und auch behan-
deln. Doch was, wenn sich kein Grund
finden lässt? Können Schmerzen auch
nur Einbildung sein? Und welche Rolle
spielen Menschen und Dinge im
unmittelbaren Lebensumfeld des
Betroffenen?

Um Fragen dieser Art geht es in diesem
Buch. Die Autoren tragen hier ihre
Erfahrungen aus elf Jahren Forschung
zusammen. Sie gehen davon aus, das
einige Menschen durch ihre Gedanken
Schmerzen auslösen können.
Ihre Überlegungen sind keineswegs weit hergeholt: Längst haben
Wissenschaftler auf dem Gebiet der anerkannten Parapsychologie-
Forschung nachgewiesen, dass durch gedankliche Konzentration
Materie beeinflusst werden kann - wenngleich auch nur in Grenzen.

100 Stichworte, 61 Tatsachenberichte und 18 Regeln unterstützen
Leserinnen und Leser dabei, die Ursache eigener Schmerzen zu fin-
den. Ein Lexikon für alle, die sich für alternative Medizin und
Heilmethoden mit Schwerpunkt Psychologie interessieren.

Frank Albrecht

Es geht nur um Energie

Wenn es juckt und beißt, zieht und schmerzt, hat das viele Gründe. Oft können diese Phänomene jedoch zur Plage werden, obwohl sich keine objektiven Ursachen dafür finden lassen. Die Theorie, dass diese unerklärlichen Schmerzen durch gedankliche Botschaften bzw. Fragen anderer Personen ausgelöst werden, wird in diesem Buch vorgestellt. Gedanken wie "Was meinst du dazu?" oder "Was wirst du tun?" zum Beispiel führen bei der gemeinten Person zu Juckreiz am Kopf bis hin zu Kopfschmerzen. Auch wenn Menschen oft genau das machen, was den anderen stört, hängt das mit dem Austausch von Lebensenergie zwischen den Betreffenden zusammen. Diese Zusammenhänge werden hier erklärt und Möglichkeiten aufgezeigt, die gestellten "Fragen" zu erkennen und sich gegen die dadurch ausgelösten Schmerzen zu schützen.

Yasemin Iven

Mina Zinkgraf

und der schwarze Marduk

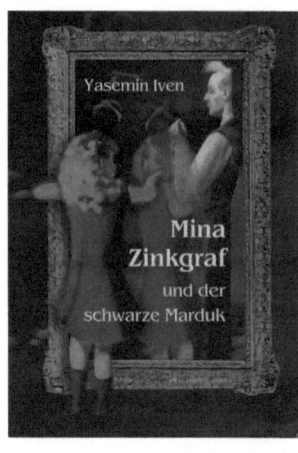

Stress mit dem Bruderherz und die Ferien stehen vor der Tür - wäre es nicht toll, wenn man da zaubern könnte? Deshalb will Mina die Magie erforschen und dafür muss sie unbedingt zu Opi, der einen ganz besonderen Spiegel hat. Der Spiegel ist tatsächlich der Eingang zu einer anderen, unbekannten Welt und Mina stürzt ahnungslos genau in dieses merkwürdige Land. Dort gibt es nicht nur neue Freunde, mit denen Mina durch dick und dünn gehen kann, sondern auch ausgesprochen üble Gesellen, die Gedanken absaugen und ihre Opfer ziemlich fertig machen. Dabei hinterlassen sie eine Schneise der Zerstörung - logo, da muss ganz dringend eine Heldin her, die das Problem endlich löst. Am Schluss weiß Mina, dass sie mehr kann als sie anfangs dachte, aber so geht es ja oft im Leben: Man wächst mit seinen Aufgaben. Und da Mina nun weiß, wie stark sie sein kann, ist das mit dem Bruderherz auch nicht mehr so schlimm …